생각하는
사람에게
길이 있다

생각하는 사람에게 길이 있다

2018년 1월 25일 인쇄

2018년 1월 31일 발행

지은이 | 장충식

펴낸이 | 장호성

기 획 | 이재석

제 작 | 정진형

편 집 | 성두현

마케팅 | 박보혜

펴낸곳 | 단국대학교출판부

등 록 | 1968. 2. 27 : No. 제03-00095호

주 소 | 경기도 용인시 수지구 죽전로 152

전 화 | 031-8005-2405

팩 스 | 031-8021-7154

값 8,000원

ISBN 978-89-7092-581-3 03810

생각하는 사람에게 길이 있다

장충식

nosvos

| 책머리에

내 한 생애 아직도 척박한 교육 현장만을 지켜 왔으며
잘 사는 나라 생각,
그 심연에서
벗어날 수 없었다.

그리고 그 속에서
무엇보다 우선한 계명은
사람과의 신의였다.

그동안 만난 사람들과 나누었고,
앞으로 만날 사람과 나누고 싶은
기도와 같은 단상의 편린을
이 생각 저 생각하며
여기 우선 모았다.

글쓴이

| 생각의 갈래

1부

생각과 아이디어는 동의어다

001 광복절(8월15일) 기념식은 도시나 공공장소에서만 거행될 것이 아니다. 이날은 전국 각지 마을 회관의 뜰에서도 부락의 남녀노소가 한 자리에 모여 민족 해방의 감격을 상기하는 날이어야 한다. 이날만큼은 함께 애국가를 부를 수 있는 날이 되어야 한다.

002 남북의 정치인들이 겨레의 염원인 통일을 위해 큰마음으로 서로 양보하고 희생하지 않는 이상 그 어떤 행사도 무위에 그친다.

003 나를 거룩하게 만드는 길은 나와 생각을 달리하는 사람에 대해서도 깊은 이해를 갖고 인간의 존엄한 가치를 동등하게 인정하는 데서 열릴 수 있다.

004 자존심 없는 민족은 속국의 굴레와 고통에서 벗어날 수 없다. 자존심을 지킬 줄 아는 민족은 비록 가난해도 독립된 민족으로 빛나는 정신문화를 누리고 계승할 것이다.

005 선진국 국민들이 물질의 풍요로운 생활 속에서 서로가 불편과 마찰 없이 사회복지를 이루고 있는 것은 그들의 생활 속에, 인간은 자유롭고 평등하게 그리고 서로 존중하며 살아야 한다는 의식이 뿌리 깊게 박혀 있기 때문이다.

006 증오와 갈등이 있는 사회는 약진하는 사회를 건설할 수 없다. 인간 평등의 사상과 인권 존중의 사상은 민주주의의 기본이다.

007 이웃을 생각하는 마음이 진실하고 따뜻하면 겨레와 나라를 사랑하는 마음도 저절로 샘솟을 것이다. 작은 일이라도 따뜻한 심성으로 실천하다보면 자연히 마음이 열리게 되고 겨레와 나라를 위해서 큰 봉사를 할 수 있는 지혜와 기회가 주어진다.

008 옳은 것과 그른 것을 가릴 만한 비판적 능력, 사회의 복리를 자신의 복리처럼 중히 여기며 공동생활에 협력할 때 비로소 건강한 사회가 실현된다.

009 병역의무를 충실히 이행하지 않는 국민은 굳건한 국방을 도모할 수 없는 것처럼 국민의 납세 의식이 희박하고 탈세의 악폐가 가시지 않는 한 복지사회와 자립경제 달성은 불가능하다.

010 공자孔子가 의례를 존중하고 그 준수를 역설한 것은 그 자체에 가치가 있어서라기보다, 도의적인 사회질서를 세우는 데 중요한 수단이라고 생각했기 때문이다.

011 우리는 학문과 예술을 통해서 미개한 일본인들의 교화 계몽에 공헌한 선조들에게 커다란 자부심을 가져야 할 것이다.

012 미개와 야만에서 탈피하지 못한 사회일수록 장애인에 대한 편견과 멸시가 많다. 그러나 장애인에 대한 인식이 개선되고 문명이 개명됨에 따라 이해와 협력이 늘어나는 것은 참으로 바람직한 일이다.

013 종교 지도자들이 국가가 처해 있는 현실을 외면하고 종단이나 종파를 세 확장의 도구로 삼아 정치에 간여할 때 국론은 분열되며 국민은 큰 혼란에 빠질 수 있다.

014 88서울 올림픽을 통해 세계인은 분단과 전쟁의 폐허를 이겨낸 한국인의 저력을 올려보기 시작했다. 그러나 그 후 끊임없는 시위와 노사분규, 정치인들의 파쟁과 분열 등을 보면서 그들이 "역시 한국인은 그러면 그렇지"라면서 고개를 내젓고 있지는 않은지 우려된다.

015 우리는 일본 역사 교과서 편찬 내용의 왜곡 사실을 통해서 일본인의 의식 속에 변하지 않는 편견과 침략 근성이 있다는 사실을 버릴 수 없다.

016 역사를 모르는 사람은 정치를 할 수 없다. 역사에 관한 지식 없이는 정치적 이념과 미래에 대한 이상을 갖출 수 없다. 정치적 이념과 이상이 없는 사람은 곧 정치할 자격이 없다.

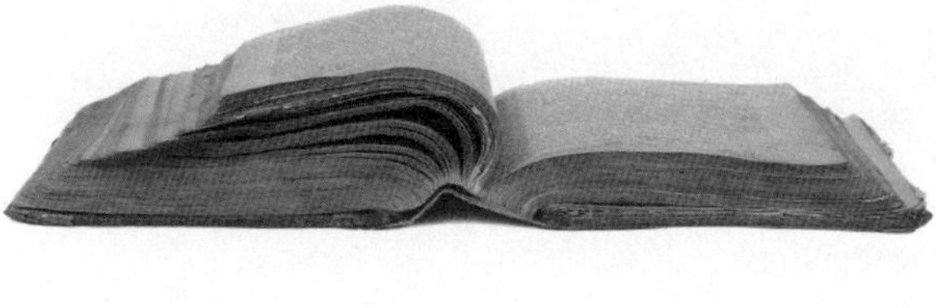

017 젊은이의 뚝심과 용기는 작은 분노에 값싸게 써버릴 것이 아니다. 나라와 겨레를 위한 더욱 큰일에 값지게 써야 한다.

018 슬기와 경험과 청렴한 경륜을 바탕으로 살아온 노인들이 사회 구석구석에서 젊은이들을 도와줄 수 있을 때 사회는 더욱 안전하게 지속적으로 발전할 수 있다.

019 모국어를 잊고 국적까지 바꾼 사람이, 모국을 그리워하고 동포를 사랑한다는 말에는 고개가 갸우뚱해진다. 민족이란 운명 공동체는 좋은 날들만 함께하는 것이 아니다. 어떤 고난과 역경도 함께하는 것이 곧 애국정신이다.

020 도시에서 먼 농어촌이 관광지로 지정되어 급속도로 변하고 있다.

생활을 즐기는 것은 자유로운 일이다. 그러나 그 즐거움으로 피해를 받는 사람이 없어야 한다. 더구나 천진난만한 어린이, 산간벽지에서 문명의 혜택을 받아보지 못한 주민에게 가슴 아픈 충격을 주는 일이 있어서는 안 된다.

021 망둥이가 뛰니까 꼴뚜기도 뛴다는 말이 있다. 자기 분수에도 맞지 않는 일을 남이 하니까 덩달아 흉내 내면 돋보이기보다 상처만 남기기 쉬운 것이다. 남이 금테 안경을 쓴다고 멀쩡한 눈에 덩달아 안경을 쓰는 것, 뱁새가 황새걸음을 따라가는 것보다 분수를 깨닫는 일이 앞서야 한다.

때로 양복을 입고 사는 구미인들 앞에 갓을 쓰고 두루마기를 입고 나타난들 무슨 상관이겠는가. 그런 호기도 때론 멋있지 않은가!

022 지구상의 생물은 어느 누구든 땅을 의지해서 살 권리를 갖는다. 땅이 없는 자에게는 먹이가 있을 수 없다.

먹이는 공평하게 생산되고 분배됨으로써 뭇 생명이 공존할 수 있다. 이 원칙이 무너진 사회는 약탈과 전쟁만이 있을 뿐이다.

023 광대한 대자연의 품속에서 생존하고 있는 모든 생물들은 생명을 유지하는 본능적 공통점이 있다. 다른 생명을 희생시키고 외부로부터 에너지를 흡수한다는 공통점이 있다. '존재한다'는 것은 바로 다른 개체의 희생과 소멸도 의미한다. 역설적으로 표현한다면 나의 희생이 또 다른 생명을 살리는 길이 되기도 한다.

024 만물의 영장이라고 자처하는 인간은 우주와 자연을 이용하는 데 그치지 않고 그것을 정복하려 하고 파괴하고 있다.

한 순간이라도 공기와 물과 빛이 없이는 존재할 수 없으면서도 인간은 우주와 자연을 멋대로 어지럽히고 오염시키고 있다.

025 살기 위해서 집단을 이룬 인간의 욕망은 반목과 대립으로 파멸하는 근원이 되고 있다.

이 집단은 지배자와 피지배자로 갈라지고 집단간의 경쟁이 갈등으로 마찰하고 부를 추구하기 위한 욕망 때문에 파멸의 종말을 초래하는 바보 요인이 되고 있는 것은 아닐까.

026 제한된 땅과 제한된 물량을 지니고 있는 지구상에서 많은 인간이 고루 편안하게 살 수 있는 길이란, 각자 소비자적인 입장만이 아니라 생산자의 위치에서도 생각하지 않으면 안 된다.

027 산야의 맹수도 배가 부르면 순해지고 배가 고파질 때까지는 다른 동물을 해치지 않는다. 그런데 인간이란 동물은 죽는 그 순간까지 마를 줄 모르는 욕심의 샘을 갖고 있는 것은 아닌가.

028 우리는 동양적인 전통문화와 생활습관에서 탈피할 수 없다. 동양적인 윤리관이 우리의 생활로부터 사라져 버린다면 우리의 정체성을 어디서 찾을 것인가?

서구적인 문물과 제도를 무비판적으로 받아들이는 타성은 우리의 전통문화를 계승할 능력과 사고를 마비시킬 위험이 있다.

029 우리의 선조는 호양부쟁好讓不爭 항공좌이恒恭坐以 불상범不相犯 불상훼不相毁 개왕양로皆往讓路라 하여 예로부터 예의와 양보를 좋아하여 서로 다투지 아니하여 왔으니, 예의를 숭상한다 함은 사회질서가 있다 함이요, 서로 다투지 아니한다 함은 평화를 애호한다는 뜻이다. 사회적 질서는 정의를 뜻하는 것이며, 평화적 생활은 인도적 생활을 뜻하는 것이다. 그러므로 정의와 인도를 사랑함은 우리 겨레의 본연적 심성이다.

030 우리의 수도 서울은 날로 변모해 가고 있다. 서울이 급속하게 달라져 가고 있다. 변해가는 서울에서 지난날의 역사적 추억을 회상하고 간직할 자료도 풍정도 점점 사라지고 있으니 이 어찌 통탄할 일이 아닌가.

031 인간은 자연의 법칙을 발견해서 그 법칙을 이용하여 유익한 삶의 수단으로 전환시킬 수 있는 지혜를 가지고 있다. 인간은 죽음에서 영원히 도피할 수 없는 숙명을 가지고 있지만 오늘의 고통과 슬픔을 이겨낼 수 있는 용기와 지성이 있다.

032 탐욕스런 인간에게 인술이 이루어질 리 없고, 덕망 없는 의술이 건강을 지켜줄 리 없다.

033 자연은 인간으로 하여금 경험을 쌓고 슬기를 모아 사람답게 살아가도록 시련을 안겨준다.

인간은 성장하면서 슬기로워진다.

034 프랑스 속담에 '구두쇠와 돼지는 죽은 뒤에 맛이 난다'라는 말이 있다. 죽어서야 가치가 인정되는 구두쇠, 그것은 아마도 그가 생전에 쌓아 놓은 가치를 두고 말하는 것일 게다. 그들은 남에게 피해를 주는 일은 없었다. 만일 그런 그들을 비난하는 사람이라면 아마도 공짜를 좋아하는 사람들이 아닐까 생각된다.

구두쇠를 비난만해서는 안 된다.

035 우리는 서구문명의 모방적 습관보다 창조적인 위치에서 우리의 정신문화를 계승하고 선조의 얼을 새롭게 빛내면서 서구적 과학문명을 받아들여야 한다.

036 민족 속에서 나를 찾은 자, 국가 속에서 나를 발견한 자, 인류 속에서 나를 인식한 자는 민족의 삶을 영원토록 의식하기 위해서 나를 희생한다. 우리 속의 나는 결국 국가 속의 나인 것이다.

037 애국지사에 대한 존경심을 갖는 일은 결국 나라 사랑이며 국민의 의무다.

038 이 사전을 만들기 위해서는 활자를 새로 개발하고 만들어야만 했다. 즉 시각적으로 가장 아름답고 적합한 한자, 우리만의 고유한 디자인의 한자 6만여 자를 새로 만들었다. 이것은 중국, 대만, 일본에서 간행한 사전에서 사용한 한자보다 많은 숫자다. 이 고유체를 도안하고 사용에 편리하도록 제작한 것은 단국 대학이 처음이다. 30년간 각고의 노력으로 얻어낸 작업의 결과다. (한국 최초 최대의 『漢韓大辭典』 편찬을 끝내고)

2부

충고는 고통과 지혜를 함께 준다

039 청춘이 한없이 지속되는 것처럼 생각하며 뜻 없이 살아가는 친구들을 위해, 나이 먹은 사람들은 그들이 훗날 후회 없이 열심히 살도록 간곡하고 끊임 없이 충고하고 지도해야 한다.

040 욕심은 인간 사회의 갈등의 원인이 되고 분쟁과 비극과 파괴의 씨앗이 된다. 사는 동안이나마 서로 존중하고 위로하면서 의좋게 살면 이 세상은 보다 밝고 명랑할 것이다.

041 항상 남이 가지고 있는 것을 부러워할 것이 아니라 지금 내가 가지고 있는 것으로 만족하고 지금 하고 있는 일에 최선의 노력을 기울일 때, 비로소 명예가 따르고 삶의 보람과 기쁨을 느낄 수 있다.

042 사람은 목숨이 붙어 있다고 해서 살고 있는 것이 아니다. 남의 괴로움을 보고 함께 괴로워 할 수 있는 인정과 이웃의 슬픔을 함께 나누고 동료의 어려움을 함께 걱정할 수 있는 삶이 가치 있는 삶이다.

043 좋은 가문에서 태어나 유복한 생활을 누리면서 불쌍한 처지에 있는 사람을 외면하는 것은 고칠 수 없는 우둔한 병을 지니고 사는 것과 같다.

044 자기만족을 위해서 타의 희생을 강요하는 인간처럼 욕심이 많은 동물은 없다. 올바른 교육을 받고 착한 천성을 가진 인간은 자기만족을 위해서 타의 희생을 요구하는 것이 아니라 타를 위해서 자기의 희생을 감수하며, 자기의 희생으로 얻어지는 사회적 이익과 공동체 이익을 의무와 기쁨으로 생각한다.

045 문명인은 과학을 통해 생활을 향상시켜 오고 예술을 통해 인생의 가치를 터득해 왔다. 과학 없는 사회에서는 문명의 싹이 돋지 않았으며, 예술 없는 종족에게 문화의 열매는 열리지 않았다. 우리 민족은 외세의 침략으로 인한 비운의 역사 속에서도 결코 타 민족 예술을 구걸하며 살아오지 않았다.

046 마음은, 쓰는 사람에 따라 자비의 바다처럼 한없이 넓어질 수 있고 시퍼런 칼날처럼 포악해질 수도 있다.

047 이 세상에 남을 평가할 자격을 가진 자는 아무도 없다. 자기 스스로를 올바르게 알고자 하는 노력과 반성만이 있을 뿐이다. 자기 자신을 올바르게 알고자 하는 사람은 남을 말할 겨를이 없다.

048 자신을 돌아보는 자세는 타인을 이해하는 자세로 이어지고 타인을 이해하는 자세는 역으로 자신을 반성하는 노력으로 귀결된다.

그리고 결과적으로 타인을 알아볼 수 있는 지혜의 눈을 뜨게 하는 것이다.

049 사람이 죽는다는 사실을 알면서도 살아가는 것은 영원히 살 것 같은 순간적인 착각으로 연명하고 있는 것이 아닐까.

050 오늘날 우리는 과학적 또는 합리적 방법에 의해서 우리의 생활이 계획되고 개선되고 영위되기를 바라고 있다. 그러나 우리는 늘 허수에 의해서 남을 속이고 속아서 살아온 속성 때문에 실상을 볼 수 있는 능력이 마비되어 있는지도 모른다. 때로는 우리의 허욕과 허망한 꿈 때문에 실제보다는 허수를 더 좋아했을지도 모른다.

051 불친절은 불쾌감을 일으키고, 그 감정은 갈등을 초래하고 갈등은 미움과 불신을 일으킨다.

052 봉사를 하려면 우선 나를 희생해야 한다. 내 것을 챙기면서 하는 봉사는 봉사가 아니라 이기를 추구하는 사업이다.

053 부모에 대한 배은과 스승에 대한 망덕은 정이 없는 인간의 질병이며, 이웃에 사랑이 없는 것은 신의 없는 질병이며, 치부와 욕심은 양심이 없는 인간의 질병이며, 정의롭지 않은 것은 용기 없는 질병이며, 권세에 현혹된 자기 몽매의 길을 택하는 것은 철학이 없는 질병이며, 아부와 간계로 자기를 따르는 자에게 벼슬을 주는 것은 허영 가득한 인간의 질병이다.

054 어버이를 섬길 줄 모르는 자 어이 아내를 알며, 아내를 사랑할 수 없는 자 어이 자식을 사랑하며, 자기 가까운 이웃을 사랑하지 않는 자 어이 민족을 사랑할 수 있을까!

055 어느 날 밤 빅토르 위고의 『레미제라블』을 읽어주시던 어머니가 장발장의 인간다운 인정을 설명하면서 배고픈 친구들의 허기진 사정을 매정하게 외면하는 아들을 두었다면 장차 어느 부모가 무슨 희망이 있다고 이 고생을 하겠느냐고 하셨다. 어른이 되어서도, 어려운 아이들을 생각하는 마음을 버리지 말라 하신 어머니의 말씀이 새삼스럽다.

056 도의와 윤리적 가치관이 퇴색한 교육 풍토 속에서는 결코 참된 인간 교육은 불가능하다.

057 불친절은 부덕이고 교만이다. 성실하지 못한 사람일수록 친절하지 못하고 겸손하지 못한 태도를 보인다. 겸손과 친절은 인간의 성실도를 측정하는 기준이 된다.

058 나는 오늘까지 월급을 올려 달라는 사람은 수없이 봤지만 월급을 내려 주어야 받겠다는 사람은 일석 이희승 선생님이 처음이었다. 명성이 있는 인사일수록 월급을 많이 받아야 된다고 생각하는 세태에 선생님 같은 선비가 이 세상에 또 있을까 생각하면서 선생님을 가까이 모시게 된 것을 참으로 다행스럽게 여기고 있다.

059 부모를 일찍 여의고 천애고아로서 온갖 천대를 받으면서 살아가는 청소년, 재주와 능력이 있어도 가난한 부모를 만난 탓으로 학교를 제대로 다니지 못하는 청소년, 친구의 꾐에 빠져 악의 수렁에서 허덕이는 청소년, 이런 청소년을 돕는 것은 우리의 당연한 책임과 의무다.

060 장의사가 죽은 사람의 뒷일을 깨끗이 정리하고 슬픔에 잠겨 있는 유족들의 마음을 위로해 주겠다는 봉사의 마음 없이 장례비만 챙긴다면 그 사람은 비정한 인간에 불과하다.

세상의 일이란 때로는 우리에게 절대적으로 필요하고 요긴한 일이면서도 그 일에 종사하는 사람의 마음씨에 따라 착하고 아름다운 사람도 되고 기피하고 싶은 직업인이 되기도 한다.

061 외국에 정착하여 우수한 기술과 학문을 수학한 유학생들은 유학을 가기까지 조국의 많은 문화와 교육의 뒷받침이 있었다는 사실을 잊어서는 안 된다. 조국에 진 빚을 갚기 위해서라도 조국의 발전과 번영을 위한 봉사의 길을 찾도록 노력해야 한다.

062 아프리카 깊은 산중에 살고 있는 어느 부족들의 언어에 '고맙다'는 말이 없다고 한다. 집단적으로 공동생활을 하면서 공동으로 사냥하며 나누어 먹기 때문에 고마울 게 없다는 것이다.

남을 돕는 일도 없을 뿐더러 설혹 돕는 일이 있었다 하더라도 일상적인 일이라고 그들의 의식 속에는 남을 도왔다는 생각은 들지 않아 고맙다는 말이 필요 없다.

혹시 맹수에게 쫓겨 구사일생으로 살아났다 하더라도 당연히 도와야 한 것이니 고맙다는 감정이 싹틀 리도 없다. 우리의 일상에서도 고맙다는 언어가 서서히 사라지는 것은 아닐까.

063 시샘하는 마음은 남의 올바른 점을 인정하기 힘들고 결국 그 모든 것을 부정적으로 보는 습성으로 바뀌기 쉽다.

064 착하고 아름다운 마음씨를 가지고 태어난 사람이 가장 행복한 사람이 아닐까. 포악한 성격이란 교육과 사회 경험으로는 좀처럼 고쳐질 수 없는 천별이 아닌가 생각된다.

065 불우한 사람들을 돕는 일은 자선 사업가나 봉사 기관만의 일이 아니다.

우리가 덜 먹고 덜 입고 절약해서 이러한 자선 사업에 다소나마 너도 나도 도움을 준다면 불우한 사람들의 고통은 덜어질 수 있을 것이다. 결코 한두 사람의 박애 정신으로 불우한 사람의 복지는 해결될 수 없다.

066 선물을 주고받는 일이 서로 기쁘고 흐뭇해져야 할 터인데 선물을 주는 동기가 순수하지 않으면 뇌물이 되고 인정과 예의가 오고 가는 것이 아니라 불편과 부담을 주고 받는 일이 된다.

067 종교야 말로 인간에게 희망을 주고 믿음을 주고 구원을 줄 수 있는 힘이라고 생각해 왔다. 그런데 종교가 편협하고 배타적이고 이기적이라면 이 세상에 인간이 믿어야 할 절대적 가치는 과연 무엇일까? 이 세상 모든 것이 변한다고 해도 종교인의 마음만큼은 변해서는 안 될 것이다.

068 병원은 삶의 기쁨과 죽음의 공포를 무섭도록 느끼는 곳이다.

환자의 생명을 제껴 두고 노사분규가 격렬하게 벌어지고 있는 병원의 현장을 보면서 우리 사회에 큰 병이 든 곳 또한 병원이 아닌가 하는 씁쓸한 생각이 든다.

069 좋았던 사이가 악화된 인간관계의 큰 원인은, 배려심 없고 이기적인 경우가 대부분이다.

070 이 세상에 태어나서 지금까지 살아온 세월을 돌이켜 보면 참으로 많은 사람들의 도움으로 오늘의 내가 있음을 새삼 절감하게 된다.

071 아첨과 예의는 외관상으로 동일하게 보인다. 돈이나 명예를 탐내는 사람 중에는 대부분 아첨 아부가 능숙한 사람이 많다. 부귀와 권세를 따라다니며 탐욕의 삶을 누리는 사람은 아첨 아부에 모략과 술수가 첨가된다. 사실 아첨에 위험이 따른다고 생각하면서도 막상 당하고 나면 눈이 멀고 귀가 어두워지는 경우가 많다.

072 신에 대한 신앙의 증표는 내가 사람을 사랑하고 있다는 것이 생활을 통해서 실현될 때 참답게 인정된다.

073 자손에 대한 사랑이 지극한 가정에서도 그 자손을 낳아준 며느리에 대해서 탐탁치 못하게 생각했던 사회 풍토 속에서 어머니들의 정신적 삶의 지주는 곧 자신이 낳은 자녀들의 성장과 그들의 효심 이외에는 의지하고 바랄 것이 없었다.

074 사회적 지위가 높을수록 타인의 시간을 소중히 생각해야 하고 재력이 있는 사람일수록 타인의 푼돈을 귀하게 생각할 수 있는 염치가 있어야 한다.

075 인간이 동물과 구별되는 것은 겸손의 미덕을 갖고 스스로 유한성을 인식하며 타인을 위해서 배려하는 마음을 가질 수 있다는 것이다. 그것이 바로 인간의 특성이다.

076 진정한 신앙은 욕심에서 탈피할 수 있는 최선의 수단이라고 생각한다. 신앙의 길을 걷는 자는 박애와 자비의 마음이 있어야 한다. 박애와 자비의 마음은 자기를 버릴 수 있는 경지에서 비로소 구현될 수 있다.

077 생명에 대한 애착심을 갖고 삶의 존엄성을 충분히 인식하면서도 자기의 건강관리를 소홀히 하는 것은 자기기만일 뿐 아니라 곧 부모에 대한 배은 행위이며 처자에 대한 사랑과 의무를 저버리는 부덕의 소행이다.

078 인간의 오만은 난치병으로, 자기가 제일 위대하고 강하다고 자부하는 사고이다. 세기의 독재자들이 이 불치병의 중환자였다.

079 사람들의 대화 중에서 "나에게 남은 것은 자존심밖에 없다"고 하는 말을 흔히 들을 수 있다. 도대체 자존심이란 무엇이기에 그토록 많은 사람들이 입버릇처럼 말하는 것일까?

080 자랑할 것이 없어도 인간다운 따뜻한 정을 가지며, 양식을 저버리지 않고 타인을 위해 봉사하며 성실히 살아가는 자세야 말로 인간 생활에서 보람 있는 자랑거리가 된다.

081

인욕忍辱 즉 참는 일은 인간의 품성 중에서도 상당한 덕성을 지닌 사람이 아니면 실천하기 어려운 덕목이다.

그런데 남들이 다 참을 수 있는 것을 참는다면 그것은 진정으로 참는 것이라 볼 수 없다. 남들이 못 참는 것을 참을 때 그것이 진정한 인내가 아닐까.

082 남의 돈을 갚지 않는 것은 돈이 없어서라기보다 책임과 신의가 없기 때문인 경우가 많다. 살면서 '마음의 빚'을 지고 살아서는 안 될 것이다.

083 내 자식이라면 그가 탕자라도 호강과 사치와 혜택을 조건 없이 물려주는 지각없는 사람들 때문에 사회가 어지러운 게 아닌가 생각된다.

084 집안의 형제들 가운데도 샘이 많은 사람은 우애를 나누지 못한다. 직장에서도 이런 사람들은 동료들과 화목하게 지내지 못한다.

085 대부분의 사람들이 죽음에 임박해서야 지난날을 참회하고 회상하는 것 같다. 착하고 아름다운 일을 많이 해온 사람은 병상에서도 표정이 평화스럽다. 후회 없는 과거를 가진 사람은 임종을 지켜보는 사람들에게 인자하고 편안한 모습을 보여주며 눈을 감는다.

086 납세하는 기쁨보다 탈세를 자랑하는 그릇된 사회 풍토 속에서는 고지식하고 정직한 월급쟁이나 정직한 세리稅吏는 외롭고 나라는 병든다.

087 죄를 지은 사람은 옥중에서 참회도 할 수 있고, 자기가 지은 죄에 대해서 반성하고 후회도 할 수 있으련만, 전혀 까닭도 모를 남의 죄를 억울하게 뒤집어쓰고 교도소에 들어온 사람은 어떻게 참회하고 무엇을 반성할 수 있을까. 죄 없는 사람을 가둬 둔 사람만이 해야 할 대답이다.

088 의사나 간호사가 되고자 하는 사람은 기본적으로 성품이 착해야 한다. 가장 훌륭한 의사나 간호사는 그 경력과 기능보다는 사람을 사랑하고 봉사하며 희생하는 가치를 가장 소중하게 생각할 수 있는 사람이어야 한다.

089 윤리적 도덕적 규범을 지켰던 옛사람들은 오늘날 일부 젊은이들처럼 거짓 사랑과 성을 유희로 착각하는 망동으로 남의 순결을 짓밟는 죄는 범하지 않았다.

090 바른 모성애가 사라진 곳에는 자녀들의 효심의 열매가 결코 열리지 않는다.

091 목민牧民하는 위치에서 지혜롭게 백성에 봉사하는 길은 청렴의 길 외에 또 다른 길은 없다. 재산이 풍족하여 영화를 누리는 자가 조상의 장례나 자손의 혼례비가 아까워 타인의 푼돈으로 그 의식 비용을 충당한다면 그 행위야말로 거지의 동냥질보다도 더욱 비굴한 행위가 아니겠는가.

092 인간에게 주어진 양심은 신을 인식할 수 있는 것이며, 그러므로 인간 마음속의 양심은 곧 신이 준 것이라고도 생각할 수 있다. 또 이것은 인간의 마음속에 신의 마음이 있다고 생각할 수 있게 한다.

093 기도나 독경이 인생 만사를 해결하는 길은 결코 아니다. 기도보다 더욱 소중한 것은 자기를 버리는 일이다. 인간의 악은 욕심으로 빚어져 있는 경우가 많기 때문이다.

094 공직자에게 뇌물을 준다는 것은 피차가 몰락하는 행위다.

095 긴 세월 마음속에 가져 온 원칙은 '사람에 대한 정을 잊지 말자.'는 것이다. 사람이 사는 사회에서 인정을 앞세워 원칙을 무시해도 문제가 생기지만 정을 가벼이 여겨 매몰차게 사람을 대하는 일도 교육자로서는 취할 자세가 아니다. 그래서 나는 대학의 명예를 훼손하거나 압력을 가하는 이들과는 대립했지만 나를 비방하는 이들에게는 오히려 관용하고 정을 주려 애썼다.

096 오래전 총장직에 취임하면서 대학과 국민을 위해 특별히 지켜야 할 원칙을 정했다.

첫째, 기업 활동은 하지 않는다.

둘째, 정치에 발을 딛지 않는다.

셋째, 정부에 봉사하는 자리가 주어진다고 해도 급여를 받는 일은 사양한다는 것이었다.

097 럭비 경기는 신사 스포츠이다. 서로가 몸을 부딪히는 과격한 운동이지만 상대방을 존중해야 하고 동시에 신뢰해야 한다. 그래야 치명적인 부상을 피할 수 있다. 또한 팀워크가 없으면 승리를 할 수 없으니 나보다 전체를 생각하는 협동과 배려심이 저절로 생긴다. 럭비 선수들을 아끼는 이유다.

098 내가 중책에 있을 때 교수나 직원들이 "충성한다, 충성하겠다."는 식으로 말하는 이들을 경계했다. 오랫동안 대학 일을 하면서 겪어 보니 이런 말을 자주하는 사람들의 공통점은 배신의 달인이라는 것이다. 결코 신의를 지키지 못하는 공통점이 있었다.

099 아침은 배신의 속성을 내포하고 있는 것이 아닐까 생각된다.

3부

생각하는 삶은 하루하루가 풍요롭다

100 교육은 인간 완성의 한 방법이다.

101 주름살과 백발 할머니의 인자한 미소만큼 고귀한 아름다움이 또 있을까. 사람이 늙는다고 해서 아름다움을 상실하는 것은 결코 아니다.

102 돈을 훔치면 벌을 받아도 남의 시간을 훔친 일은 그대로 묵인되는 사회에서는 기강이 바로 설 수 없다.

옛 제자와의 만남에 시간을 꼭 지켜주시는 노스승에게 절로 머리가 숙여진다.

103 교육을 받은 사람들이 깊이 생각해야 할 것은, 무엇을 얼마나 아느냐가 아니라 무엇을 어떻게 행하느냐이다.

104 대학 교육이란 어디까지나 인생을 살아가는 여러 가지 방법 중의 한 가지이며 한 과정일 뿐이지 결코 인생의 목적이 될 수는 없다.

105 젊은이가 불가능과 실패를 두려워해서는 안 된다. 소심하게 따지며 일을 도모한다면 그는 이미 젊은이가 아니다.

얄팍한 재주를 부리다보면 그는 재간꾼이 될지언정 용기 있고 남을 위해 헌신하는 젊은 사람은 못된다.

106 사랑은 사랑을 낳고 그 사랑은 계속 이어진다. 우리가 이웃을 사랑하면 사회를 사랑하게 되고 나아가 나라를 사랑하게 된다. 이것이 바로 우리 마음을 살찌우게 하는 기본이다.

107 교수들의 학문에 대한 열정, 충실한 교육을 실행하겠다는 사명감이 대학의 존재성을 높여준다.

108 교육자는 진실을 추구하는 정열도 중요하지만 사물을 옳게 관찰 할 수 있는 능력과 사리를 옳게 분별할 수 있는 양식, 그리고 고매한 의식이 항상 깨어 있어야 한다.

109 책을 가까이 하고 지식을 탐구하면서도 의로운 길을 찾지 못한다면 목석과 다를 바 없다.

110 교육은, 난관에 부딪쳐 기회를 얻지 못하는 사람에게도 슬기를 주며 뜻을 불어 넣어 주는 것이어야 한다. 따라서 교육자는 국가와 인류 사회가 요구하는 진정한 인재를 양성해야 한다는 신념을 가져야 한다.

111 사람이 살다보면 남에게 도움을 줄 수도 있고 도움을 받을 수도 있다. 남에게 도움을 주는 것도 아름다운 일이겠지만 도움받은 은혜를 잊지 않고 갚는 것도 그에 못지않은 아름다움이다.

112 배우는 사람을 엄격하게 다루는 사람이 있는가 하면 부드럽고 온화하게 대하는 사람도 있다.

사람을 가르치는 데 있어서 중요한 것은 가르치는 수단이나 방법보다는 가르치는 사람의 사랑과 덕성이다.

113 어린 학생들에 대한 애정이 없는 사람은 학문과 지식이 아무리 뛰어나다 해도 인격에 감화를 줄 수는 없다.

114 인간관계의 진정한 가치는 잇속을 떠나서 사랑을 바탕으로 교감하고 나누는 일일 것이다.

115 교수는 직업인이지만 동시에 지성인으로서의 책무를 지킨다는 의무가 함께 부여된다. 그래서 교수를 존경하는 것이다. 그 책무에는 직업윤리로서 자신을 믿고 임무를 맡긴 대학과의 약속을 지키는 일도 포함된다.

116 부모와 자녀 간에, 교육자와 피교육자 간에 불신하는 풍조 그리고 도의와 윤리적 가치관이 퇴색한 교육 풍토 속에서는 결코 건전한 인간 교육은 불가능하다.

117 이른바 일류 대학에서 공부를 하고도 사회의 기생충으로 전락하는 자가 있는가 하면, 어려운 환경에서 공부를 하고도 사회의 귀감이 되는 평범하지만 사려 깊은 사람이 있다. 국가와 민족을 위해서 헌신하는 인간이야 말로 참된 지성인이다.

118 권력을 가진 자는 그 능력이 가난한 이웃과 힘없는 사람을 위해서 유용하게 쓰이도록 해야 한다. 지식을 사랑하여 학문하는 사람, 예술을 아끼는 사람들은 그들의 정신적 재산으로 하여금 더욱 살기 좋은 미래를 이룩하는 데 큰 힘이 되어야 한다.

119 이웃사촌이란 말이 있다. 우리 민족이 살아온 길을 알 수 있는 아름다운 말이다. 우리 선조들은 나를 에워싸고 있는 현실을 중히 여겼다. 멀리 떨어진 혈연보다 매일 만나고 대화하고 정을 나누는 이웃을 중히 여기며 살아온 것이다.

120 감수성이 예민한 청소년들은 괴팍한 성격을 가진 선생으로부터 충격을 받을 수 있다. 학생들에 대해서 애증의 표현을 가감 없이 나타내는 교육자는 청소년의 정서, 감정을 손상시킬 수 있다.

121 대학생으로서 존경하는 교수를 만나지 못하는 것도 불행이지만 교수를 가까이 대하면서도 인간적으로 깊은 인연을 못 갖는 것처럼 허무한 대학생활도 없다고 생각한다.

내가 대학생이라면 나는 지금쯤은 어느 훌륭한 교수의 연구실에서 밤새는 줄 모르고 연구에 몰두하고 있을 것이다.

122 한국의 교육열은 사회생활에 보다 정직하고 성실한 인간을 요구하는 방향으로 상승하는 것이 아니라, 문벌과 학벌에 가치 기준을 두고 있다. 그것이 오늘날 대학과 대학 사이에 먼로주의적으로 변질되어 인간의 협동과 조화가 원만히 이루어지지 못하고 있다. 한국의 기형적 교육열이 빚어내는 또 하나의 비극이다.

123 예전에 교통사고로 불행하게 타계한 L교수는 숨을 거두기 직전까지 손에 꼭 쥐고 있던 바나나로 인해 주위 사람들을 더욱 감동을 받게 했다. 유족들의 말에, L교수가 아침에 출근을 하면서 어린 딸에게 바나나를 사다주겠다고 약속을 했는데 그것을 사기 위해 밤길을 가다 사고를 당했다는 것이다. L교수는 어린 자녀들 곁을 떠났어도, 그가 남긴 사랑만은 유족의 가슴에 영원히 살아남을 것이다.

124 지식과 기술만 가지고는 교육자가 될 수 없다. 남이 나를 비방하고 나설 때 내 마음속에 반사적으로 일어나는 적대감과 복수심을 억제하는 수양 없이는 교육자가 될 수 없다.

125 학생 시절 장학금의 혜택이나 상장마저도 받아 보지 못했던 평범한 졸업생이 졸업 후 보내 주는 장학금을 받을 때마다 커다란 감동을 느낀다. 이들이야 말로 사회의 우등생이 아닌가.

126 우리들이 하고 있는 교육이 우리 뜻과 기대대로 잘 되어 가고 있는가 한번 깊이 생각해야 할 것 같다.

교육을 받는 사람들이 교육하는 사람들을 과연 전적으로 존경하고 신뢰할까 하는 것이다. 만일 사제 간에 존경과 신뢰가 없다면 그 교육은 죽은 교육에 불과하다.

127 미국의 어린이들에게, 너희는 장차 무엇이 되고 싶냐고 했더니 용감한 소방수가 되고 싶다는 말을 들었을 때 다시 한 번 우리의 교육 풍토를 되돌아보게 되었다.

128 교양 없는 일부 몰지각한 사람들의 주장이라도 그들의 주장이 우리 사회의 한 구성원의 주장이라는 것을 교육자는 깊이 인식하고 귀담아 들어야 한다. 구성원들의 다양한 주장이 교훈이 된다.

129 교육을 포기한다는 것은 사람을 버리는 것이나 다름없다. 징벌이나 응징, 형벌이 아닌 보다 인간적인 차원에서 오늘의 젊은이들을 키워주는 길이 무엇인지를 고민해야 한다.

130 아이들을 자애와 깊은 이해심 없이 직업적으로 맡아 가르친다는 생각처럼 위험한 일은 없다. 사회의 문제아들, 학교의 악동(?)들은 결코 선천성에서 오지 않는다. 우리 교직자와 학부모들은 깊이 생각해야 한다.

131 욕심 많고 극성스러운 어버이들은 진학 시험에 낙방한 자녀들을 위로해 주기는커녕 달달 볶는다. 더구나 재수 삼수를 한 학생이 낙방했을 경우의 비통한 분위기는 차마 보지 못할 지경이다. 왜 우리 사회는 아름다운 꽃봉오리처럼 천진난만하게 피어나는 우리의 자녀들을 시험지옥에 몰아넣어야만 되는지 가슴 답답할 뿐이다.

132 맞벌이 부부일수록 아이들과 대화하는 시간을 많이 가져야 한다. 평소 따뜻한 대화의 시간이 잦으면 아이들과 부모 사이는 두터운 정으로 연결된다. 간혹 사소한 문제로 아이들을 꾸짖어도 아이들은 저항감을 일으키지 않고 부모의 교훈과 질책을 이해하고 책임 있게 받아들일 것이다.

133 부모라고 해서 실수하고도 아들딸 앞에서 시침을 뗀다는 것은 부모답지 못한 행위다. 어른이라는 체면 때문에 부모의 실수는 덮어 둔 채 아이들의 실수만을 꼬집는다면 부모와 자녀 간의 사이는 멀어질 수밖에 없다.

134 한 민족의 토착문화와 외래문화가 급격히 혼합될 때 사회는 혼란을 초래하기 쉽다. 한 가정도 마찬가지다. 보수적인 사고와 관습에서 탈피하지 못한 부모와 새로운 가치관으로 살아가는 자녀들이 자기 생각만 옳다고 주장한다면 그 가정은 화목할 수 없다.

135 ‘요람에서 배운 것은 무덤까지 가져 간다’는 프랑스 속담처럼 사람은 어려서 부모로부터 배운 것으로 인격과 교양이 형성된다.

136 자녀를 소유물로 착각하는 부모들의 잠재의식과 명예욕을 버리지 않는 한 자녀를 불행에서 구제할 수 없을 것이다.

137 예술에 대한 감성이 결핍된 상태에서 성장한 어린이는 어른이 된 뒤에 보다 폭넓게 인생을 이해하는 데 주저하기 쉽다.

138 어느 나라 어느 땅으로 이민을 가도 좋다. 그러나 우리는 자녀들에게 민족 보존의 정신으로 고유 언어의 가치를 깊이 심어주어야 한다. 민족의 문화를 계승치 못하는 민족이 존속한 역사는 없다. 언어없는 민족에게 고유한 문화가 없다는 사실과 고유한 문화가 없는 민족에게 자긍심이 없다는, 역사적 교훈을 뼛속 깊이 새겨야 한다.

139 지난 날 우리의 스승들은 고매한 비전을 높이 들고 청년 학생들의 성장을 도와주었고, 그들의 잠재된 가능성을 개발하여 풍요로운 마음의 생활을 영위케 하였다. 그리하여 나라와 겨레의 발전을 돕는다는 굳은 신념을 갖도록 했다. 그런 스승들은 결코 사사로운 이해로 교단을 떠나고 제자를 버리지는 않았다.

140 대학생의 참모습은 충만한 학구열과 폭넓은 교양, 겸손과 바른 예의와 이지적 지성미 그리고 젊음이 넘치는 청순함이어야 하지 않을까.

141 일류 학교 출신이라는 간판을 얻으려고 시험지옥으로 자녀를 몰아넣는 어버이의 마음 또한 사랑의 한 표현일지 모른다. 내가 낳은 자녀라고 해서 나의 소유물이 아니다. 그들은 민족과 국가의 자녀로 민족의 맥박을 이어나가 국가의 생명과 미래를 이어줄 귀한 존재다.

142 저명인사들은 대부분 재산도, 사회적 지위도 그리고 권세와 명예도 남부럽지 않다. 그런 사람들이 남의 재물에 의존해 자녀의 결혼식을 치를 심산이라면 그 사람들이야말로 귀한 자녀들의 혼인을 오히려 욕되게 하는 것은 아닐까.

143 사도師道는 지식만을 무기로 삼고 달릴 수 있는 아스팔트길이 결코 아니다. 인정, 겸손, 덕성 그리고 정의를 위한 신념과 봉사를 위한 희생, 학문을 위한 정열이 불타는 길이어야 한다.

아름다운 인생은 명성 위에 있는 것이 아니다. 사도(교육자)의 자부는 지식으로부터 얻어지는 것이 아니다.

144 너그러움이 없는 사회는 정쟁과 갈등으로 혼란에 빠져들 것이다. 국민을 위해서 헌신할 지도적 인물이 없다는 것은 대단히 절망스런 일이다.

145 우리의 자녀들이 보다 넓은 세계, 미지의 대양을 향해 약진해 가도록 어른들이 계도해야 한다. 산업의 부흥과 국방의 보루는 바다와 하늘에 있다. 어떤 어려움이 있어도 하늘과 바다를 개척하고 뻗어갈 수 있는 지식과 기술을 갖도록 교육과 훈련을 시켜야 한다.

146 고등교육을 받지 못한 부모나 아내를 부끄럽게 생각하는 사람이나, 애인과 걷다가 행상하는 부모를 만났을 때 반겨하는 부모를 외면하는 젊은이와 가난을 수치로 알고 무학을 죄로 생각하는 인간은, 성도 숨기고 고향도 숨기며 조국도 민족도 팔아먹을 수 있는 비열한 인간의 전형이 아닐까 생각된다.

147 어떤 이름이든 인간다운 행실과 마음으로 삶을 지탱했을 때 곧 그 사람의 이름은 빛을 볼 것이다. 대학의 이름 역시 교육의 기능을 끊임없이 발휘하여 사회와 인류 문화의 창달을 위해 헌신할 때 유익한 인재가 배양되고 그 학교는 민족사에 크게 부각될 것이다.

148 교육 중에서 가장 중요한 것은 바로 성실과 신뢰를 심어주는 것이다.

149 서양의 속담에 '어린아이에게 무엇이든 준다는 약속을 하지 말라'는 것이 있다. 이 속담은 아동 교육을 위해 금과옥조와 같은 말이다.

150 오늘 해야 할 일을 내일로 미루고 내가 할 일을 남에게 미루고 올해 이루어야 할 일을 내년으로 미루면서 힘 안 들고 손쉬운 일만 골라서 살다보니 세월이 가는 줄도 모르고 어느새 할아버지가 된 것 아닌가.

151 교수를 비난하고 성토하던 학생이라도 졸업 후 찾아와서 취직을 부탁하면 과거 일에 대한 섭섭한 생각을 지워버리고 그 제자를 위해 동분서주하는 교수를 보면서, 인욕의 덕성 없이는 교육이란 불가능하다는 것을 새삼 절감하게 되었다.

152 일류 대학 인기 학과가 내 일생을 해결해 주진 않는다. 일류 대학을 졸업하고도 허송세월 보내는 사람을 많이 볼 수 있다. 적성에 맞지 않는데도 불구하고 부모의 강권으로 학과를 선택하고 사회에 나와서 좌절하고 후회하는 사람들이 얼마나 많은가.

153 이 사회에 필요한 사람이 되는 것이야말로 출세이며 승리자가 아닌가. 학력이 있으면 무엇 하겠는가. 우선 성실한 인간 생활이 앞선 다음에야 그 학력은 우리 사회에 필요한 영양이 되는 것이다.

154 아이들이 성장하는 데 부모의 꾸지람을 전연 듣지 않고 자랄 수는 없다. 납득할 수 없는 꾸지람은 원망을 갖게 된다. 꾸지람보다 이해시키는 것이 중요하다.

155 내 자녀들을 사회에 내보냈을 때 이웃과 국리민복을 위해서 헌신할 수 있는 사람으로 바르게 교육을 시켜왔던가? 한 번쯤 조용히 반성해 볼 필요가 있다.

156 한때 대학을 두고 '우골탑'이라고 하는 신조어가 있었다. 소를 팔아 대학 등록금을 댔고, 그 돈으로 대학의 건물을 지었다고 해서 생긴 풍자였다. 하지만 그때 대학 교육을 받은 사람들이 70~80년대의 산업 역군으로 나라를 일으키는 데 중추적 역할을 했던 것을 생각하면 많은 사람이 대학 교육의 혜택을 받을수록 거시적으로는 사회 발전에 긍정적 기반이 된다는 것은 이후 역사가 입증한 사실이었다.

157 공부하는 이가 자신의 손때 묻은 장서를 기증하는 일은 미덕인 동시에 그 대상 기관에 대한 애정을 표시하는 일이다.

158 예나 지금이나 대학에 몸담고 있는 교수 가운데 가장 대하기 어려운 사람은 공부하지 않고 연구하지 않는 사람들이다. 이러한 사람들의 공통점은 명예만 좋아한다는 것이다. 그리고 사리를 챙기기 위해서는 어떠한 부정도 감행하는 공통점이 있다.

159 교육은 한두 학기나 한두 해로도 그치지 않는다. 제자를 받아들이면 그 제자를 학부에서 계속 교육 기회를 주어 사회인으로서 그리고 가정을 이뤄 한 인간으로서 책무를 다하도록 오래도록 가르치고 인도해 줘야 한다.

160 교수라는 직분은 권리가 아니다. 불가촉不可觸의 권위가 아니다. 연구와 봉사 그리고 제자들을 위해 오로지 한 길에서 꾸준하고 성실하게 직분을 지키는 사람, 그가 교수다.

161 대학에 돈이 많이 필요한 것은 사실이다. 그러나 돈이 있으니 대학을 만든다는 것은 적당한 일이 아니다. 남들이 세운 대학을 인수하는 일도 온당치 않다고 생각하거니와 반대로 재벌이 돈을 앞세워 대학 운영권을 소유하는 일도 재고할 일이다. 재물과 권력, 그리고 교육은 서로 불가근불가원의 간격을 유지하는 것이 좋다고 믿는다.

162 나에게 당돌하게 반항하는 학생들은 모두 아들딸과 손자 손녀 같은 학생들인데 일시 과격한 행동을 했다고 사법기관에 고발한다는 것은 상상도 할 수 없는 일이었다.

4부

꿈과 미래는 생각하는 사람에게 열린다

163 시간은 공기처럼 어려움 없이 누구나 가질 수 있지만 누가 더 효과 있게 그것을 활용하는가에 따라서 자신이 뜻한 바를 성취할 수도 있고 못할 수도 있다.

164 참회와 반성이 인간의 양심을 더욱 굳건하게 세운다. 불의에는 성찰이 가장 좋은 약이다.

165 젊은이에게는 희망과 이상이 있다. 목표를 달성하기 위한 의지와 패기도 있다. 그러나 경험이 부족하다. 인내도 부족하다. 뒤를 살펴볼 여유도 없다. 감정과 기분으로 처리하기 쉬운 것이 젊은이다. 한두 가지 일에 자신이 생기면 만용이 앞서는 것이 젊은이의 단점이다. 조그마한 일에서 성공하면 곧 교만해진다. 때로는 큰일을 앞에 두고 작은 일에 감정을 쏟아버려 큰일을 송두리째 내동댕이치는 경우가 허다하다.

166 사회가 발전하기 위해서는 노인의 경험과 슬기를 바탕으로 하고 그 위에 젊은이의 용기와 창의성이 서는 것이 좋다. 노소의 합작, 협력 없는 사회는 지속적으로 발전을 유지하기가 어렵다.

167 서구인은 자녀를 위해서 지식보다 근로정신을 앞에 둔다. 그들은 게으른 자식을 위해서 피땀 흘려 모은 재산을 결코 헛되게 쓰는 일이 없다.

168 돈과 지위를 이용해서 내 욕심을 충당하는 데 쓸 것이 아니라 가난하고 힘없는 사람들을 위해 양보하고 베풀면서 사는 삶이 얼마나 아름다운가!

169 '인간이 존재한다'는 말과 '인간이 생활한다'는 말은 그 뜻이 다르다. '인간이 존재한다'는 뜻은 '나' 아닌 다른 인간이 존재하지 않더라도 '나'라는 인간이 홀로 존재할 수 있다는 뜻이다. 그러나 '인간이 생활한다'는 뜻은 '나' 아닌 다른 인간과 '어울려서 살아야 한다'는 의미이다.

170 우리는 미래에 대한 불안을 극복할 수 있는 지혜가 있다. 이는 곧 미래의 생활 속에서 과거나 현재에서는 가져보지 못하고 누려보지 못한 기쁨과 삶의 보람을 발견할 수 있다는 기대와 희망이다. 이를 이상이라는 말로도 표현한다.

171 시간을 지키는 일은 우리 생활에서 가장 작은 약속 같지만, 그 작은 약속을 지키는 일들을 소중하고 성실하게 다루는 습관을 키워야 한다.

172 재물이란 꼭 필요한 사람과 사회 공익을 위해 어떻게 유효적절하게 쓰이는가에 따라 가치가 달라진다.

173 하나의 물방울은 아무데도 쓸모가 없지만 많은 물방울이 모이면 한 대접의 물이 되어 우리의 갈증을 적셔준다. 더더욱 많은 물이 모이면 농장의 작물을 키워주고 공업용수로도 쓰여서 우리의 삶을 더욱 풍족하게 만든다.

174 남을 모방하는 것은 '내 것'이 없기 때문이다. 한국인은 한국인의 멋이 있고 한국인의 문화가 있으며 한국인의 긍지가 있다.

175 적절한 교육을 통해 얻어진 지식을 선용하는 지혜야말로 인간생활에서 값있는 일이다.

176 식물과 동물들은 생존하는 데 있어 일정한 규칙을 갖고 질서를 지키며 살아가고 있다. 아무리 힘이 강하고 사나운 동물일지라도 배가 부르면 다른 동물을 위협하거나 해치지 않는다. 몇 백 년을 살아온 식물이라도 뿌리가 뻗어 있는 한계 내에서 대지의 영양을 섭취하여 살아가고 있다. 이것이 인간과 다른 점이다.

177 자연의 자양은 결코 무한한 것이 아니다. 자연을 이용하여 생존하는 모든 생물은 생존한 대가로 진 빚을 다시 대자연으로 돌려주어야 한다.

178 돋보이려고 입은 옷이 자기 분수에 맞지 않으면 오히려 자기 자신을 천박하고 교양 없는 사람으로 격하시킨다. 과욕하는 것도 이와 같다.

179 자기의 아내나 가족에게 책임을 다할 줄도 모르면서 남을 위해서 책임을 다한다는 것은 위선이다.

180 재물이란 누가 소유하고 있느냐는 사실보다 사회 공익을 위해 어떻게 유효적절하게 써지는가에 따라 가치가 달라진다.

181 아이들이 성장하면서 아내가 바쁘게 쫓기는 날이 많아질수록 가장들은 가정에서 외톨이가 된다. 귀중한 것을 잃어버리고 허전한 마음에 허공을 딛고 사는 것 같다. 그래서 바쁠수록 배려가 요청되는 이유다.

182 사람의 보수나 월급은 그 사람의 기능이나 능력에 따라서 다를 수도 있다. 사람의 경험과 지식 또는 사회적 수요에 따라 그 차등이 있을 수 있다. 하지만 경제적 수입의 다소에 따라서 직업의 귀천을 따진다는 것은 졸장부들의 편견에 불과하다.

183 우리는 젊은 새 세대들에게 '하라'는 것보다는 '하지 말라'는 명령과 복종을 요구하고 지나친 기대를 하면서 그들의 창의를 위축시키고 때로는 도움보다도 부담을 안겨주었던 것이 더 많지 않았을까?

이제 우리는 저들을 믿고 그들 나름대로 인생을 꾸려갈 수 있도록 격려하고 보살펴 주어야 한다.

184 우리의 부모 세대는 빚을 진다는 것을 수치스럽게 생각하였으므로 기근에 굶어 죽게 될 정도가 아니면 시래기죽을 먹는 한이 있어도 남한테 한 줌의 쌀이라도 꾸어 먹기를 싫어했다. 그런데 어찌된 세상인지 오늘날은 남의 빚을 얻어 쓰는 것을 자랑으로 여길 뿐 아니라 외국에서 빚을 얻어 오는 것을 대단한 수완가요 자랑거리로 여긴다.

185 사람의 운명은 가변적인 것이다. 유복한 가정에 태어났어도 불행해지는 사람이 있고, 가난한 가정에 태어났더라도 누구 못지않게 유복한 일생을 꾸려 나가는 사람도 있다. 사람이란 어떤 환경에 태어났는가가 아니라 어떤 생각과 마음을 가지고 사는가에 따라서 행복과 불행이 좌우된다.

186 은혜와 빚은 죽기 전에 갚아야 한다. 빚을 진 사람 중에는 갚을 능력이 없어서 스스로 목숨을 끊는 사람도 있다. 오죽하면 빚 때문에 자살까지 하겠는가. 그러나 죽을 용기가 있다면 빚은 갚을 수 있지 않을까?

187 사람이 가장 싫어하고 두려워하는 것은 두말할 것도 없이 죽음이다. 나는 아직껏 죽음을 사랑하고 동경한다는 사람을 만나 본 적이 없다.

188 고도 산업을 추구하기에 앞서 도의와 인정의 사회를 재건해야 한다. 한국적 전통사회를 보존하면서 정신문화의 기반 위에 경제성장을 위한 산업사회를 형성해야 할 것이다.

189 요즘 대학 졸업식 광경은 아수라장을 방불케 하고 있다.

축하와 예의는 온 데 간 데 없고 졸업생들이 앉아 있어야 할 자리는 비어 있고 식장을 빠져나와 사진을 찍느라 뛰어다니는가 하면 이것을 보고도 타이르는 학부모는 없었다. 무엇인가 중심을 잃고 사는 것이 아닌가.

190 저울이나 자尺의 눈금이 한둘 쯤 틀린다고 해서 그것이 무슨 큰 문제가 되겠느냐고 생각하는 우리의 습관적 관념은 오늘날 제조업에 있어서 많은 불량품 양산의 원인이 되고 있다.

191 우리는 지금 외국으로부터 많은 것을 배우고 많은 것이 들어오고 있다. 그러나 다른 것은 다 배우고 들여오면서도 서구인들한테서 진정 배워야 하고 들여와야 할 것을 외면하고 있지 않나 돌아볼 일이다. 절약하고 저축하는 생활이며 높은 질서 의식은 반드시 본받아야 할 것들이다.

192 생면부지인 신랑 신부의 결혼식 주례를 하거나 성명도 모르면서 문상을 가는 것이 정치하는 일로 착각해서는 안 된다. 선거철만 되면 정치인들은 시장이나 상가에 가서 유권자를 향해 큰절하는 것이 정치하는 일로 생각하고 있는 것은 아닐까. 이것은 정치인의 이율배반이다.

193 정치하는 사람에게는 말이나 행동에 있어서 신사다운 품위가 있어야 한다. 위세를 부리고 상대방의 인격을 비하하는 경박스러운 행위는 정치인의 자세가 아니다.

194 "자식을 많이 둔 죄로 남들처럼 먹고 싶은 것도 먹지 못하고 철따라 갈아입을 옷도 없어, 한 푼이라도 아껴 써서 자식들의 학비에 보태 쓰려고 그토록 좋아하던 술 담배를 끊은 지도 벌써 십 년이 넘었지. 그런데 큰 놈이 시집가면서 몽땅 털어가니 이제 남은 것이 빚뿐이야. 제 동생들의 앞날 걱정은 안중에도 없단 말이야"(어느 부모의 탄식)

195 푸짐한 혼수품을 한 짐 싣고 시집을 간다고 시집을 잘 가는 것이 아니다. 착한 마음으로 시부모를 공경하고 수입이 적더라도 살림살이를 아껴 쓰고 저축하는 습관을 키워 가는 것이 태산 같은 혼수품보다 신혼의 새 살림에 더욱 중요한 것이다.

196 어느 사장 내외가 프랑스의 한 식당에서 화장실에서만 사용하는 두루마리 휴지를 식탁에 올려놓고 사용하다가 주위 사람들을 놀라게 했다는 이야기는 차라리 경험 없는 실수라 할 수도 있겠다. 국제회의에 참석한다고 여러 명의 기관 대표들이 출국하고 나서 그 중 영어를 잘하는 한 사람만 회의에 참석하고 나머지는 회의가 끝나는 날까지 관광만 하더란 이야기도 들었다.

해외여행이 빈번해 졌다. 여행자는 언제나 나라의 얼굴이고 대표라는 생각을 해야 한다.

197 어느 인사의 부인은 어려서부터 세례교인인데 한 정치인의 부인과 가깝게 지내면서 점쟁이 집을 자주 출입했다는 얘기를 들은 일이 있다. 우리 사회의 그릇된 흐름을 보는 좋은 예라 생각한다.

198 온 국민의 복지를 위한 사회 건설과 정치 풍토의 쇄신은 정계와 관계의 노력만으로는 진작될 수 없다. 온 국민의 자각과 반성 없이는 밝은 사회의 건설은 불가능하다.

199 자기에게 맡겨진 책무에 전력을 기울이는 사람은 남의 잘못을 돌아볼 겨를이 없다. 오히려 자기의 부족함을 늘 반성하는 마음으로 자신을 돌아보기 때문에 바쁘다.

200 건의는 아무나 해선 안 된다.

건의란 남보다 더 많은 생각과 경험을 해 보고 자기에게 맡겨진 임무를 성실히 완수한 연후에 할 수 있는 것이다. 열성과 노력의 씨앗을 뿌리지 않은 자는 자기반성을 하며 살아야 하며, 근면과 정직으로 실행한 후에 경험과 경륜을 바탕으로 건의해야 한다.

201 부유하고 좋은 환경에서 비슷한 처지에 있는 사람끼리만 어울려 사는 것은 비겁한 행위에 지나지 않는다. 나보다 어려움이 많은 사람들과 함께 어울려서 함께 웃고 함께 울 수 있는 사회가 될 때 그 사회는 밝고 건강해진다.

202 평소 믿음이 가지 않는 젊은이의 결혼 주례처럼 마음을 찜찜하게 만드는 일도 없을 것이다. 졸업생들이나 친지의 입장에서는 그들의 결혼식에 모교의 총·학장이나 저명인사를 주례로 모셔가는 것이 좋을지는 모르겠으나 결혼이라는 것이 인륜대사라고 한다면 무당이 남의 굿을 맡듯이 남의 결혼식의 주례를 함부로 받아들일 수도 없는 노릇이다.

203 오늘날 부모들은 자녀들이 결혼 후에 효도를 할 것인가에 대해 회의적인 생각을 하는 이들이 많은 것 같다. 자녀들의 효심과 효도를 포기하는 말들을 종종 들을 수 있다. 자녀들이 결혼해서 저희들끼리 독립해서 잘 살면 그것으로 만족한다는 것이 요즘 어버이들의 생각이다. 효도 따위는 아예 바라지도 않는다는 것이다.

204 비록 부부간이라고 하더라도 남편의 동정으로 살아가지 않겠다는 강인한 자주의식을 서구의 주부들에게 발견할 수 있었다. 그러한 가정교육을 받고 자라난 서구의 어린이들이 우리의 어린이들보다 자주성이 강하다는 것은 필연이 아닐까.

205 착한 사람들과 알뜰한 주부들의 마음을 멍들게 하는 것은 결코 가난만은 아니다. 이웃 사람들의 낭비와 사치가 착한 주부들의 마음을 아프게 한다. 근면하고 소박한 생활이 우리 사회의 자랑으로 등장해야 한다.

206 부모의 돈을 어렵게 생각하지 않는 자녀들이 자라서 과연 무엇이 될 것인가. 한국인의 자녀에 대한 자애 속에는 부모에게 의지하고 부모의 재력에 매달려서 살아야만 하는 무기력한 자녀를 만드는 타성이 있다.

207 자녀에 대한 어버이의 교육관이 확립되지 않은 상태에서 아들딸에게 그들의 능력과 노력으로 감당할 수 없는 일류병의 짐을 지워준다면 이것은 치유하기 벅찬 불행한 유산이 된다.

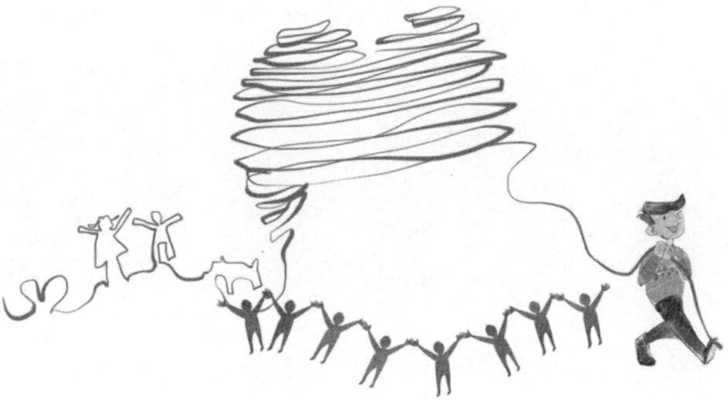

208 고등학교를 나온 우리 젊은 세대들에게 '그대들은 자신과 나라를 위해서 어떤 일을 할 것인가'를 물어야 함에도 불구하고 '그대들은 어느 대학에 입학할 것인가'만 물음으로써 소위 명문대학 입학만이 지상의 목표인 양 주입시켜 젊은이들을 압박하고 있다. 그들이 대학을 나온 뒤에도 '그대들은 사회와 국가를 위해 무엇을 할 수 있는가' 하는 미래 건설을 향한 지혜와 기술의 능력을 묻는 것이 아니라 '그대들은 어느 대학 출신인가'를 묻고 있다.

209 작은 조직 속에서는 개개인이 없어서는 안 될 소중한 존재로서 가치가 인정되었고 각자 개성을 발휘할 수 있었으며 사람과 사람 사이에 인간적 유대관계가 유지될 수 있었다. 그러나 거대한 조직 속에서는 한 개인의 존재는 모래밭에 흩어져 있는 모래알처럼 개성을 발휘할 수 없는 미미한 존재일 뿐이다. 큰 건물에 끼어 있는 한 장의 벽돌, 거대한 기계속의 부속품에 불과하다. 사람과 사람 사이에 따뜻한 교감을 기대하는 것은 어리석은 일일까?

210 부덕과 패륜으로 부패되어 가고 있는 현실에서 공짜를 좋아하는 사람에 비한다면 구두쇠는 도리어 성실한 사람들이다. 사회가 문란해지고 타락하는 것은 어느 면으로는 구두쇠 정신이 부족하고 공짜를 좋아하는 사람들이 많은데 원인이 있다고 볼 수도 있다. 노력하지 않고 탐내는 것은 도둑과 다를 게 없다.

211 우리는 주변에서 공짜를 좋아하는 사람을 보게 되는 일이 있다. 무엇이든 얻는다는 것은 노력에 대한 보수다. 비록 인간관계 속에서 남의 대접을 받는다고 하더라도 받았으면 반드시 보답할 줄 알아야 하는 것이 상례이다. 그럴 수 있는 능력이 없다면 받는 것은 사양해야 한다. 그것은 빚이다.

212 진정한 구두쇠는 시간을 아껴 부지런히 일하는 사람, 사치 낭비하지 않고 절약하는 사람, 열심히 일하고 보수를 받는 사람이다. 지금 우리는 무엇보다 그런 구두쇠 정신이 필요한 때이다.

213 친절이 사리를 바꾼다.

친절해야 할 사람들이 거칠고 불친절하면, 사회 갈등을 조장하게 된다.

돈 들이지 않고 명랑 사회를 이룩할 수 있는 길은 오직 친절을 베푸는 것밖에 없을 것이다.

214 공원은 나와 내 자녀만이 쉬며 즐기는 곳이 아니다. 공공질서를 어지럽히는 행동을 해놓고도 부끄러움을 느끼지 못한다면 공원에서 쉴 자격조차 없는 것이다. 잘 차려 입었다고 멋쟁이가 아니다. 자가용으로 주말을 즐길 줄 안다고 좋은 가장이 되는 것도 아니다. 공공질서 잘 지키는 것을 가르치는 사람이 좋은 가장이다.

215 기억하고 싶은 어느 혼인식에서 있었던 일

"자식을 잘못 교육해서 하례객 여러분께 부끄러움을 범했습니다. 대학을 졸업하기도 전에 결혼을 시킨다는 것은 크나 큰 잘못입니다. 제 할 일을 다 하지도 못했기 때문이지요. 그러나 열렬한 연애생활을 더 이상 참고 볼 수 없겠기에 불초한 자식이지만 오늘 결혼식을 올려주었습니다. 이 영광스럽지 못한 자리에 참석해 주신 여러 귀빈에게 감사하고도 송구스러운 마음 금할 수 없습니다.

사회를 위해 한 일은 없지만 자식들의 혼례를 치를 만한 힘은 제게 있습니다. 오늘 하례객으로부터 뜻밖의 선물과 축의금이 답지하였습니다. 이것은 제게는 큰 낭패입니다.

아직 사람이 못된 자식을 봐서라도 여러분의 고귀한 정성이 헛되어서는 안 되겠기에 오늘 답지한 선물과 금품은 받아들일 수가 없습니다. 그러나 보내주신 이 성의를 하례객 여러분에게 일일이 되돌려드린다는 것도 큰 실례가 되는 줄로 생각됩니다. 받을 수도 없는 선물이고 게다가 되돌려 보낼 수도 없는 성금이라면 이 돈과 선물을 불쌍하고 가난한 사람들에게 돌리는 것은 어떻겠습니까."

216 옷을 벗고 목욕탕에 들어섰을 때 인간은 있는 그대로의 모습 외에 다른 아무 것도 발견할 수 없다. 비로소 겸손해진다.

217 옷을 벗으면 고관도 미관말직도 없고, 유식자와 무식자도 구별할 수 없다. 찾아 볼 수 있는 것이란 겉으로 나타난 건강한 사람과 병약한 사람이라는 것뿐이다. 똑같은 생리 조건을 지닌 인간의 평등한 참 모습, 계급도 지위도 없고 권세도 교만도 찾아 볼 수 없는 오직 평등과 본래의 자연적인 인체만이 보이는 곳이 목욕탕이다.

218 대학에 몸담고 있는 교수와 학생들이 지역사회를 위해서 몸소 희생하는 정신과 자세를 갖지 못한다면 우리 사회와 국가의 밝은 미래는 기대해 볼 수 없을 것이다.

219 성공하는 자는 실패 속에서도 실망하지 않는다. 그러나 어느 한 가지 일로 인해서 얻어지는 기쁨은 섬광처럼 순간적인 것에 불과하다. 시험이나 전형에서 많은 경쟁자들을 물리치고 합격하여 선발의 승리를 거두었을 때 느껴지는 순간적 쾌감 뒤에는 멀고도 험한 헌신적 책임과 의무가 부여된다.

220 인간의 생명이란 우주라는 무한의 공간 속에서 잠시나마 그것을 빌려 쓰고 있는 것이다. 그렇게 빌려 쓰는 삶 가운데서 스스로 창조해 낼 수 있는 것이 명예다.

명예는 삶의 목표이며 인격은 삶의 형태이다. 목표와 형태가 없이 삶은 존재할 수 없다.

221 내가 남과 어울려 산다는 것은 곧 나를 위한 길일 뿐 아니라 남을 위하는 길도 된다. 이 세상에 나 아닌 다른 사람이 내 곁에서 함께 살아간다는 것은 얼마나 다행한 일이며 고마운 일인가.

222 목표를 정해놓고 사는 데는 근면과 노력이 필요하다. 근면과 노력이 결실을 맺게 되면 인간은 삶의 진정한 보람을 느낀다. 결국 인간이 산다는 것은 생명에 대한 애착과 목표 달성의 충동적 의식에서 내일을 기대하며 오늘의 괴로움을 감수하는 것이다.

223 공평하게 부여되지 못한 기회나 조건하에서 얻어진 명예와 칭송은 욕에 불과하다.

224 기성세대들만이 살기 좋고 편리한 사회를 만들기보다는 희생과 간난을 무릅쓰더라도 후세들이 잘 살 수 있는 사회를 건설하는 데 지혜와 노력을 먼저 쏟아야 한다.

225 나태하고 성실하지 못한 인간에게 유명한 작명가가 좋다는 이름을 지어준다고 그의 성품이 바뀌는 것은 아니다. 의지와 노력은 자기 변화를 가능케 한다.

226 재물에 대한 욕심보다는 인심을 기대하는 욕심이 더 삶의 의욕을 북돋운다는 어머니의 교훈은 우리의 보잘것없는 삶에 커다란 울림이자 길잡이가 되었다.

227 인자한 주부가 있는 가정에는 늘 웃음과 화목 그리고 건강이 깃든다.

228 얼핏 보아 전혀 아쉬울 것이 없는 것처럼 다복하게 보이는 사람일지라도 막상 그 사람을 가까이 대해보면 남이 상상하기 힘든 불행과 역경 속에서 살아온 흔적을 엿볼 수 있다. 겉만 보아서는 안 된다는 교훈이다.

229 빚을 무서워하는 사람은 개인이든 기업인이든 자기 발전은 물론이고 사회적 책임과 기능을 충실히 이행하는 사람이라 볼 수 있다.

230 낭비 없이 검소 질박한 생활을 통해 '사재'를 모았다. 교육 사업에 희사한 일이야 말로 후세를 위한 참다운 공덕이 아니겠는가.

231 국민의 생명과 보건을 책임지고 치료하는 병원은 환자들의 치료를 최우선으로 해야 한다. 의사나 간호사 또는 기타 의료 기능인들의 집단 이기주의는 그 다음이다.

232 핵가족시대라고 한다. 젊은 여성들은 한사코 시부모 섬기기를 기피한다. 시부모와 함께 살기를 꺼리면서도 혼수만큼은 부모에게 엄청난 빚을 지워드리는 한이 있더라도 해 가야 한다는 이중적 의식 구조는 알다가도 모를 일이다.

233 목숨보다 귀한 애정의 진정한 결심 없이 이뤄진 결혼처럼 허물어지기 쉬운 결혼도 없다.

234 사람은 자기의 자랑을 늘어놓는 데는 매우 적극적이지만 남의 자랑을 듣는 것에는 인색하다.

235 자녀의 결혼을 빙자해서 타인의 재물을 거둬들이고, 하객 접대에 인색한 행위는 걸인의 행위와 다를 것이 무엇이겠는가.

236 사람들은 자신에 대한 자랑거리가 없어 궁지에 몰리면 조상이나 자식, 친인척을 들춰서라도 자랑한다.

남에게 자랑하고 뽐낼 일이 없을 때는, 찬사를 받는 좋은 사람을 비방함으로써 자격지심에서 오는 자학의 번민에서 탈피하려고 하는 인간도 있다.

237 살기 위해서 남의 돈을 빌려 쓸 수는 있다. 그러나 내가 살기 위해서 남의 이름을 빌려 쓰는 인간은 민족과 국호를 사용할 권리도 없는 인간이다.

238 정부가 각자의 모교를 인정하지 않는다면 기업도, 동문도 외면하고 결국 대학이 클 수가 없다. 국민과 사회가 알아주는 대학으로 인정받기 위해서는 오직 교육을 통해 실적을 구체적으로 쌓아야 한다.

239 운명은 내 의지만으로 이뤄지지 않았다.

240 땅을 흥정할 때에는 빠르게 결정하는 것이 좋다. 시간을 끌면 잡음이 들어가서 가격만 오르고 부작용이 생긴다.

241 (큰일을 하려면) 어떤 일이고 억울하고 분통이 터진다 해도 참고 다른 방법으로 그 손실을 덮어 나가야 한다. (좋고 큰일에는 마가 낀다)

242 부패한 사회에서 대학을 운영한다는 것은 진흙탕에서 헤엄치기와 다를 바 없다.

243 운동장에서, 눈과 얼음판에서 비지땀을 아끼지 않는 선수들은 그 자체로 아름답다. 그들의 아름다운 꿈을 길러 주고 키워 주는 것은 우리 사회가, 정부가 그리고 나 같은 기성세대가 할 일이다.

244 스포츠는 인간의 깊은 곳에 있는 순수한 마음을 하나로 엮는 힘이 있다.